TO THE RIVER, WE ARE MIGRANTS

Poems/Poemas

TO THE RIVER, WE ARE MIGRANTS

Poems/Poemas

Ayendy Bonifacio

To the River, We Are Migrants
Copyright © 2020 Ayendy Bonifacio
All Rights Reserved
Published by Unsolicited Press
Printed in the United States of America
First Edition Paperback.

No part of this book may be used or reproduced in any manner whatsoever without written permission except in the case of brief quotations embodied in critical articles or reviews.

Unsolicited Press
Portland, Oregon
www.unsolicitedpress.com
orders@unsolicitedpress.com
619-354-8005

Cover Design: Kathryn Gerhardt
Editor: S.R. Stewart
ISBN: 978-1-950730-56-8

The poem "Other Worlds" was previously published in *The Hellebore*; "Taita" appeared in *The Acentos Review*. "River Piedra" was first published in *Juked*. An earlier version of "King of Dirt Floors" appeared in *Dique Dominican*.

Contents

Introduction: Riverrun by Octavio R. González	11
River Piedra	16
Río Piedra	17
Sixteen	18
Dieciséis	20
People of the Sun and Moon	22
Gente del Sol y la Luna	23
Lengua River	24
Río *Tongues*	25
Learning to Speak	26
Aprendiendo a Hablar	27
I Was Born American	28
Nací Estadounidense	29
Other Worlds	30
Otros Mundos	32
Ode to My Cicatrix	34
Oda a Mi *Cicatrix*	36
King of Dirt Floors	38
Rey de los Pisos de Tierra	39
My Father's Passing	40
El Fallecimiento de Mi Padre	42
The River	44
El Río	45
Shattered Windows	46

Ventanas Destrozadas	48
My Father, the Altar Boy	50
Mi Padre, el Monaguillo	52
Goodbye, April	54
Adiós, Abril	55
The Vacant Room in My Mother's Apartment	56
La Habitación Vacía en el Apartamento de Mami	57
To Walk Backwards	58
Caminando al Revés	59
Father, I See You	60
Padre, Te Veo	61
El Río, Mijo	62
El Río, Mijo	64
Mi Taita	66
Mi Taita	67
Rain Over *los Ríos*	68
Lluvia Sobre los Ríos	69
Unknown Caller	70
Llamador Desconocido	71

In loving memory of my father, José Julian Bonifacio (1966-2019)

Introduction: Riverrun

Octavio R. González

After a litany naming rivers of the Dominican Republic, in the imagistic poem "Lluvia Sobre los Ríos," Ayendy Bonifacio writes: "La lluvia / es la lira / de Apolo / y este lugar / es nuestro / Delphi" ("The rain / is Apollo's / lyre, and / this island / is our / Delphi"). The first thing I noticed reading *To the River, We Are Migrants* was Bonifacio's inventive approach to a bilingual collection. The poems in English are presented first; their Spanish versions—notice I don't say *translations*—come afterwards, as a reprise. As if to say, the intensity of this collection invites us to read it again: Once more, with feeling. Which came first, el río o the river?

Such a locution mirrors the self-translation of these marvelous lyric incantations. Reading the English poems first, I hear Bonifacio's speaker as Dominican, but with the emphasis on América: "'It's a vaccination I got when I was / a little kid in DR,' I used to say." In Spanish, the lines are: "'Es una vacuna que recibí / cuando era niño en la República Dominicana.'" Notice the parallax between the English (original?) and the Spanish (translation?): We can hear the clipped, boyish dialogue spoken in plain English, a cultural translation that becomes a small souvenir of a transplanted childhood spent in a Brooklyn schoolyard: "Oh, I don't have that," comes the schoolyard reply, taunting the speaker with his visible difference from the American crowd. In Spanish, we instead hear the grandeur of Bonifacio's natal country—and mine—in all its accented syllables, a rhetorical flourish alien to the clipped sentences of American English. It's a striking contrast to the speaker's demure silence, which follows the American boy's taunting reply, and ends the poem. The original schoolyard conversation was perhaps in English. Bonifacio's dutiful translation is that of the dutiful son, hijo de la patria, and the buried pride in the English "original"—the site of immigrant alienation—is disinterred with the hyper-elocution of the Spanish translation. Note the rhetorical exactitude of the past imperfect:

11

"Cuando era un niño en la República Dominicana." Compare to the childish locution of the Dominican immigrant's Americanized English: "When I was a kid in the DR." The proud Hispaniola abbreviated into "DR," a shrinking island, blurted in the speaker's boyish explanation of his odd scar. It is not the mark of Cain, it is only the remnant of where I come from, the boy seems to say. But he doesn't have the language to do so. Not until he is a young man, and not until he has had time to reflect on all those rivers, all those crossings, all those crosses.

Beyond the imagery of the river—the leitmotif of the collection—lies the imagery of the rosary, of the shroud, of the grave, of the soil: "I was born King of dirt floors." In "My Father, the Altar Boy," the heart of this brave, lyrical *cri de coeur*, the litany of mourning reaches its apotheosis:

> You held the holy book that connected us to
> God and walked on your way, invisible
>
> smoke rings elevated our senses,
> caressed onlookers who witnessed
> that you were God's preface, holding
> His message, like a father holds a son,
> the same way I held you when your days
> became the forgotten branches of your father's
> *ceiba*.
>
> Each leaf was a broken promise:
> the oldest son to fall,
> to spread on the surface of the
> river that christened us under that
> Caribbean sun.

Whether in English or in Spanish, this elegy to the speaker's father unites the themes of the river as baptismal flood, as migrant crossing, as origin of life and destiny of death. The river that "christened us," that rendered his father, and his father's son, and his father's father, Christlike; no less than his mother and her mother alike. Combine that with the rain that is the lyre of Apollo, and Bonifacio's omnipresent water imagery is Classical and

Christian, Dominican and American, Castilian and Romantic. The son is father to the man, to paraphrase Wordsworth. And it is of Wordsworth's lyricism that this elegiac collection reminds me: "Though nothing can bring back the hour / Of splendour in the grass, of glory in the flower; / We will grieve not, rather find / Strength in what remains behind; / In the primal sympathy / Which having been must ever be; / In the soothing thoughts that spring / Out of human suffering" ("Ode on Intimations of Immortality").

So does Bonifacio's speaker face the suffering of generations, of his own transplantation in a foreign land, as in the ironic lyric "Ode to My Cicatrix": "you are a souvenir shaped like / a new star or a bad omen / burning 'citizenship' on my brown skin"; "you were our escape from the dirt roads / that went nowhere, / my mother's and her / mother's answered / rosaries pinched to the end." Or even better: "fuiste nuestro escape de los caminos de tierra / que no iban a ningún lado, / la respuesta del rosario pellizcado / hasta el final, los rezos de mi madre y abuela." ("Pellizcado" has the sensory immediacy that "pinched" does not, does it not?) This native scar is metonym of that river crossing, stigmata of the immigrant's hero's journey. This journey is not only his, however: Bonifacio carries generations of his family, his tongue telling their stories in two languages, his heart in two places, cleaved by duty and memory. The rosary which is the river connects him to that sacred place, origin and return, father and son, mother and grandmother, grandfather and holy father: "'On the side of the River Piedra, I / sat and wept'" ("'A orillas del río Piedra, me senté y lloré'").[1]

Of course, there is a political urgency in these poems too: "When the U.S.'s *chivo* was elected, my little brother picked up the phone and asked / 'am I getting deported?' I thought, walk backwards and don't think about where / your parents come

---

[1] This poem cites the title of Paulo Coelho's novel, translated from Portuguese into English as, *By the River Piedra I Sat Down and Wept: A Novel of Forgiveness* (Harper Perennial, 2006).

from."[2] Or: "I lifted vowels / and consonants like heavy boxes / that needed to be moved / hating this language / for taking so much from us" ("Learning To Speak"). The language that took so much from Bonifacio and his family is given back to us, by Bonifacio himself, in these incandescent meditations on the eternal theme of migration. Hearkening back to a common western inheritance, of Apollo's lyre and the Christian rosary, *To the River, We Are Migrants* washes these proper nouns in the aletheian waters of eternal riverrun—a common occidental heritage of Joyce and Homer, Wordsworth and Wheatley, Cervantes y Sor Juana, Unamuno y Lorca. May Bonifacio's Apollonian lyre accompany his Dominican-American journey, his poetic peregrinations across rivers, across nations, between tongues, between dictionaries. And may Ayendy Bonifacio's enchanted, haunted lyrics ever accompany our own.

December 20, 2019

---

[2] *El chivo* is a common nickname of Dominican dictator Rafael Trujillo. Bonifacio's speaker here compares the impeached U.S. president to Trujillo. Trujillo's regime is considered one of the most brutal periods in the history of the Dominican Republic.

You'll survive, our mothers said
when romance was once.
Now they keep tight faces
for our visits home
and tell their friends
all that education
has confused us,
all those poems.
                    -Julia Alvarez

My father liked them separate, one there,
one here (allá y aquí), as if aware

that words might cut in two his daughter's heart
(el corazón) and lock the alien part

to what he was—his memory, his name
(su nombre)—with a key he could not claim.

"English outside this door, Spanish inside,"
he said, "y basta." But who can divide

the world, the word (mundo y palabra) from
any child?
                    -Rhina P. Espaillat

River Piedra

Trumpeted children of far-hued places,
sins calligraphed on your skins and faces,

the hype is real; there is talk of building high, of blocking the sun
of raising a running shadow for runaways like you and me.

We were once brothers without borders.
They will no longer keep their brothers.

We were once sisters in that lifetime when we birthed the earth.
They will no longer keep their sisters.

I repose in the long shadow, avoiding the sun on my side
        of the wall,
graffiti-ing my life on the weight of monuments. I bring you
        "*Paz*" in bold type.

Hail Many, fallen gravely, look how the desert settles over
        our ancestral markings.

Pray for us sinners, now, and at the hour of our death.
Palm to palm, grounded eyes and knees, we've served you
        in your language.

"On the side of the River Piedra, I sat and wept,
catching my breath, afraid of the bloodhounds."

Río Piedra

Niños trompeteados de lugares de colores lejanos
tus pecados caligrafiados en tu piel y cara,

la vaina es real; se habla de construir alto, de bloquear el sol,
de levantar una sombra para fugitivos como tú y yo.

Una vez fuimos hermanos sin fronteras.
Ya no mantendrán a sus hermanos.

Una vez fuimos hermanas en esa vida cuando les dimos a luz
    a la tierra.
Ya no se mantendrán a sus hermanas.

Descanso en la larga sombra, evitando el sol en mi lado del muro
pintando mi vida sobre el peso de los monumentos. Te traigo
    "Paz" en tinta negra.

Dios te salve, muchacho, ya no eres de aquí.
Tan similares eran nuestras marcas ancestrales.

Ruega por nosotros pecadores
ahora y en la hora de nuestra muerte.

Palma a palma, ojos y rodillas, sembrado en la tierra, te hemos
    servido en tu idioma.

"A orillas del río piedra, me senté y lloré, recuperando el aliento,
    temiendo a los sabuesos."

Sixteen

                ✽

My grandfather, *mi viejo*,
never moved more than fifty miles
from the town that birthed him.
He died before I was born.

In the stories of his four daughters, his memory is the
      morning lark's song:
      una melodía paterna
      cloaked in the almond trees.

In the fifties, when the Dominican *chivo*
rounded *campesinos* in small *campos* to march
down dirt paths, every God-fearing
man stood upright for Trujillo,
except for *mi viejo* whose
fear was beyond God.

He hid under his bed
praying to deceive
el *chivo*'s proxies.

But they always found him, pulled him by his feet
and sent him down *la calle* with the rest of them.

Mi viejo was not an immigrant like me.
He was a citizen of his own suffering in *la República*.

              ✽ ✽

At sixteen, my mother, his youngest,
left school to make a living for her family,
cleaning a house in Santiago.

In dollars, her monthly income matched her years,
but in their *campo*, those dollars ran far like the *Bao*.

It was *papá's* destiny to meet the hand of God before
    my generation.

His name was Agustín, who like the *santo*
was the father of grace in his *conuco*.
    I am his offspring landlocked from the river.

* * *

One night as he walked to town
    from the city after collecting
    the sixteen dollars my
    mother earned,
    a truck struck him.

By the side of the road,
on that familiar dirt path
that spoke only in footsteps,
he passed from this place.

The next day, a black pickup
brought my mother back
to the *campo*.

She went home with
her father in a wooden coffin
the news kept from her until
they were among the orchards,
and when they told her that it
was *mi viejo* who lied dead in there,
    she rolled down the hills of *Jagua*
    where the *yuca* was ready for harvest.

Dieciséis

✼

Mi abuelo, mi viejo,
nunca se mudó más de cincuenta millas
del pueblo donde nació.
Murió antes de que yo naciera.

En las historias de sus cuatro hijas, su recuerdo es la
      canción de la alondra matutina:
      una melodía paterna
      envuelta en los almendros.

En los años cincuenta, cuando el chivo dominicano
obligó a los campesinos a marchar por los caminos
de tierra, todos los hombres temerosos de Dios se
pusieron de pie para Trujillo, menos mi viejo
cuyo temor era más allá de Dios.

Se escondió debajo de su cama rezando
para engañar a los secuaces del chivo.

Pero siempre lo encontraron, lo pusieron de pie
y lo enviaron con el resto de ellos.

Mi viejo no era un inmigrante como yo.
El era ciudadano de su propio sufrimiento en la República.

✼ ✼

A los dieciséis años, mi madre, la menor,
      dejó la escuela para mantener a su familia
      limpiando una casa en Santiago.

En dólares, su ingreso mensual coincidía con sus años,
pero en su campo, esos dólares corrían lejos como el Bao.

Era el destino de papá encontrar la mano de Dios antes
    de mi generación.

Él se llamaba Agustín, quien, como el santo,
era el padre de la gracia en su conuco.
        Yo soy su descendencia lejos del río.

✢ ✢ ✢

Una noche, mientras caminaba
        hacia el campo desde
        la ciudad después de
        recoger los dieciséis
        dólares que mi madre
        ganó, un camión lo golpeó.

Al costado de la carretera
en ese camino familiar
que sólo hablaba en pasos,
el pasó de este lugar.

El día siguiente, una camioneta negra
trajo a mi madre de regreso
al campo.

Ella se fue a casa con
su padre en un ataúd de madera
sin saber hasta que estuviera entre
los huertos que fue el, mi viejo.

Y cuando le dijeron,
ella rodó por las colinas de Jagua
donde la yuca estaba lista para la cosecha.

People of the Sun and Moon

We are a whole people
down in *ese mar caribeño*,
standing with our ancestors
on auction blocks,

our bones, in fragments, stiff like the sullied
boards where milk met honey in our cauldron of *locura*.

What mixed in that pit was
        kicked to slow *tamboras*,
un dolor del color de coconuts
        beat by the sun.

We are that island left
        de remate,
        where the
foaming beaches don't give a reflection
        and we drink our
traumas like a *purgante*.

        Like the moon now, with our one face
        always nearly falling into the earth.
Qué locura to always feel like
both sides aren't Black,

        for the face in the shadow is the same
that harvests light.

Gente del Sol y la Luna

Somos un pueblo entero
ahí en ese mar caribeño,
de pie con nuestros antepasados
en bloques de subastas,

nuestros huesos, en fragmentos, rígido como las tablas
manchadas donde la leche se unía con la miel en un caldero de
locura.

Lo que se mezcló en ese pozo
        fue pateado a las tamboras lentas,
un dolor del color
        de los cocos golpeados por el sol.

Somos esa isla dejada
        de remate
        donde las
playas espumosas no dan reflejo,
        y bebemos nuestros
traumas como un purgante.

        Ahora como la luna, con una cara
        siempre casi cayendo hacia la tierra.
Qué locura es sentir que
ambos lados no son Negro;

        porque la cara en la sombra es la misma
que cosecha la luz.

Lengua River

Se jalan por los thick accents
  pounding the *voces* to a *negro y azul,*
  but not everything translates.

My colors sink in the Babel-like
  corrientes that washed my tongue,
  where language is the sound of the
  creek consumed by the river.

The *lengua* rivers first met on the
    footsteps *de un edificio*
    in the early nineties,
    cuando in Spanish
    yo no tenía un English name.

My tongues are where
  the rolling rivers clatter,
  where *el desgastado salmón* swims against
  what belongs to *aquí y allá.*

El sol nos seca las lenguas,
  and the riverbed splinters.

Río Tongues

Allow them to pull from los acentos gruesos
    golpeando las *voices to a black and blue.*
    Pero no todo se traduce.

Mis colores se hunden en la *current* de Babel.
    La misma que me lavó la lengua
    donde el lenguaje es el sonido del
    arroyo consumido por el río
    that ponders the ocean.

La *river tongues* se conocieron en los
        escalones *of a building*
        en los años noventa
        when en español
        I did not have un nombre en inglés.

Mis lenguas son donde retumban los ríos ondulantes
    donde *the worn out salmon* nada contra
    lo que pertenece a lo de *here and there.*

The sun dries our tounges,
    Y el lecho seco se agrieta.

Learning to Speak

I first learned to work.
I then learned to work hard.

Without strength, I lifted vowels
and consonants like heavy boxes
that needed to be moved
hating this language
for taking so much from us.

Some early Saturday mornings, I accompanied my father to work. I remember the "A" train rattling, no one making a sound from Broadway Junction to Fulton St. Once across the river, conversations in English broke the sacred silence. I was learning to understand, but still, from their shadows I observed. *Papi*, awakened by the sound of the popping P's and slithering S's, looked at the passengers with severed eyes. He avoided mine, but once I locked his gaze, I saw that, like me, his lips were sealed but even tighter.

His mouth was a smooth surface
readied for the passage of time.

When he died, I plucked a rose
from his mouth, pinned it to my lapel.

Aprendiendo a Hablar

Primero aprendí a trabajar.
Después aprendí a trabajar duro.

Sin fuerza, levanté vocales
y consonantes como cajas pesadas
que necesitaban ser movidas
odiando este lenguaje por
llevarse tanto.

Algunos sábados por la mañana temprano, acompañaba a mi padre al trabajo. Recuerdo el tren "A" que traqueteaba, nadie hacía ruido desde Broadway Junction hasta Fulton St. Una vez que cruzamos el río, las conversaciones en inglés rompieron el sagrado silencio. Estaba aprendiendo a entender, pero aún así, desde las sombras, observé. Papi, despertado por el sonido de las P's que explotaban y las S's deslizándose, miró a los pasajeros con ojos separados. Evitó los míos, pero una vez que cerré su mirada, vi que, como yo, sus labios estaban sellados, pero aún más apretados.

Su boca era una superficie
lista para el paso del tiempo.

Cuando murió, arranqué una rosa
de su boca y la puse en mi solapa.

I Was Born American

at the age of six
when a plane like a holy cross delivered
mercy on me and my family in a
city dressed in white. Every breath was
a diminutive fog, far from the almond trees.

Some gilded codes once made a nation.
Some constitutional jests of kindness
brought others here indebted to God
to our children, our maladies.

We come in paper planes when
our motherlands liberate us. We become
formless drifters escaping . . .

I've drunk from the jeweled stream,
the same that washed the feet of
campesinos and the faces of *los
niños* from New York City that have
forgotten the rocks in the currents.

I've dragged myself through thick cities lifting
a *lengua* and letting loose another while
backs turn to waves.

I've learned, unlearned my language too many times.
How can I speak like you can?

Nací Estadounidense

a la edad de seis años
cuando un avión como una santa cruz me dio
misericordia a mí y a mi familia en una
ciudad vestida de blanco. Cada aliento era
una neblina diminuta, lejos de los almendros.

Algunos códigos dorados alguna vez hicieron una nación.
Algunas bromas constitucionales de
bondad trajeron a otros aquí en deuda a Dios,
a nuestros niños, nuestras enfermedades.

Venimos en aviones de papel cuando
nuestras patrias nos liberan. Nos convertimos
en vagabundos sin forma escapando...

He bebido de un arroyo de joyas,
el mismo que lavó los pies de
campesinos y las caras de los niños
de Nueva York que olvidarán
las piedras en las corrientes.

Me he arrastrado por ciudades gruesas levantando
una lengua y soltando otra mientras las espaldas se
convierten en olas.

Aprendí, desaprendí mi idioma muchas veces.
¿Cómo puedo hablar como tú?

OTHER WORLDS

When I was a child of about six,
I called countries *mundos.*

These were worlds that had to
be travelled to through the sky.

When it was time for us to leave our world,
my grandmother's house filled up with people
coddling tin cups of *café.*

"*Ay, se me van a ir los muchachos*"
like an excerpt from an old bachata
ay, ay, ay, in three steps that got going
back and forth in that little house.

My brother and I—about the size of a *mata,*
were readied to become immigrants.

"*Ay, pero se van los muchachos míos.*"

Long farewells separate us like
exoplanets, the idea of life in another
almost promises to elude us for it
is unimaginable.

We were naturalized in our new world, planted
deep in the coarse concrete, growing any which
way we could, coiling around rusting fences enclosing
courtyards that no one cared enough to clear, so we called them
        home.

In this *mundo*, we cannot beckon back the
twenty years of timespace that have become
the soft sounds of that bachata.

Our carved childhoods expand like empty space
until they are one with the deep blackness
that holds the stars, that holds our memories.

Otros Mundos

Cuando era un niño de unos seis años
llamé a los países mundos.

Estos eran mundos a los que
había que viajar a través del cielo.

Cuando llegó el momento de dejar nuestro mundo,
la casa de mi abuela se llenó de gente
mimando tazas de lata llena de café.

"*Ay, se me van a ir los muchachos*"
como un extracto de una vieja bachata,
ay, ay, ay, en tres pasos que se pusieron
en marcha ida y vuelta en esa casita.

Mi hermano y yo—casi del tamaño de unas matas,
fuimos preparados para ser inmigrantes.

"*Ay, pero se van los muchachos míos.*"

Las largas despedidas nos separan como
exoplanetas, la idea de vida en otro mundo
casi promete eludirnos porque
es inimaginable.

Nos naturalizamos en nuestro nuevo mundo,
plantado profundamente en el hormigón grueso,
creciendo de cualquier manera que pudiéramos,
enrollando alrededor de vallas oxidadas que encierran
patios que a nadie le importaba suficiente como para despejar, así
       que los llamamos casa.

En este mundo, no podemos recordar los veinte años de espacio-
tiempo que se han convertido en los suaves sonidos de esa
      bachata.

Nuestras infancias talladas se expanden como un espacio vacío
hasta que sean uno con la profunda oscuridad
que sostiene las estrellas, que guarda nuestros recuerdos.

ODE TO MY CICATRIX

Cicatrix, you are more than a word
    that never healed.
    In Spanish, the "x" is disfigured
    and in its place "z," the last
    worthy letter.

Cicatriz, you are
    a glance at someone I thought I knew
    in a busy street. On my left shoulder,
    you are a souvenir shaped like
    a new star or a bad omen
    burning "citizenship" on my brown skin.

Cicatriz, you are the river
    that naturalized me,
    a gift from the old
    conuco hospital
    before I knew that
    America was alive
    with tubercular fears.

Cicatriz, you are a stellar nursery
    holding life in another place,
    a kept promise
    that I beat the odds,
    for some reason, who knows
    why I get to be alive.

Cicatriz, there were days when I
    wanted to cover you with
    a dragon tattoo or a blooming
    peony or anything that could
    make you beautiful. Every kid

that ever saw you asked,
"What is that shit on your shoulder?"

Cicatriz, you were our escape from the dirt roads
   that went nowhere,
   my mother's and her
   mother's answered
   rosaries pinched to the end.

Cicatriz, "It's a vaccination I got when I was
a little kid in DR," I used to say.

   "Oh, I don't have that."

ODA A MI *CICATRIX*

Cicatrix, eres más que una palabra
        que nunca sanó.
        En Español, la "x" está desfigurada
        y en su lugar "z," la última letra digna.

Cicatriz, eres una mirada a alguien que creía que conocí
        en una calle concurrida. En mi hombro izquierdo
        eres un recuerdo en forma de una
        nueva estrella o un mal presagio que
        quema "ciudadanía" en mi piel morena.

Cicatriz, eres el río
        que me naturalizó,
        un regalo del
        viejo conuco
        antes de que
        yo sabía de los
        temores tuberculosos
        de América.

Cicatriz, eres una guardería estelar
        sosteniendo vida en otro lugar,
        una promesa cumplida
        de que supere las probabilidades
        por alguna razón, quien sabe
        por qué merezco estar vivo.

Cicatriz, hubo días en que
        quería cubrirte con
        un tatuaje de dragón o una peonía
        floreciente o cualquier cosa que

pudiera hacerte hermosa. Cada niño
que te vio preguntó,
"¿Qué es esa mierda en tu hombro?"

Cicatriz, fuiste nuestro escape de los caminos de tierra
   que iban a ningún lado,
   la respuesta del rosario pellizcado
   hasta el final, los rezos de mi madre y abuela.

Cicatriz, "Es una vacuna que recibí
   cuando era un niño en la República Dominicana."

   "Oh, yo no tengo eso."

King of Dirt Floors

I was born king of dirt floors;
fogón-bright was my life.

In wood-plank walls
that were a diastemic mouth,
I chewed days that tasted like *avena*-white.

We were all a species of innocence then.
¡*Ay, sí!* Cradled in El Cibao
near a river where rocks abound.

The current carried us to
Santiago—to a zinc-roofed house
under a bridge

—to New York City—in between two
 rivers—no matter what side.

Rey de los Pisos de Tierra

Nací rey de los pisos de tierra.
Mi vida alumbrada por un fogón.

En paredes de tablones
que eran una boca diastema,
mastiqué días que saben a avena.

Todos éramos una especie de inocencia,
¡Ay, sí! Acunado en El Cibao cerca de un
río donde abundan las rocas.

La corriente nos llevó a Santiago,
a una casa de zinc debajo de un puente

—A Nueva York—entre dos ríos,
    sin importancia de qué lado.

My Father's Passing

like *el río*

takes me

past the immigration lines

that brought us here

when I was the size of a cherry bush—

across the street from the church

that taught me the sacrament, the Eucharist

when I saw you dressed like an altar boy

and incense filled my lungs with religion—

through the door of our basement apartment

the floor was checkered, the walls were white

where we started underground—

past the door of your old Camry and our walk to

our first day of high school—

past the steel doors that led to the gymnasium—

past the *Río Bao* to our *casita* in the *campo* where crickets
        drew their *machetes*

and your passport read "Visado"—

past every Brooklyn stop on the "A" train to your delivery-boy
    job on 34th Street

where I pretended to clean tables and take down orders—

past all the Manhattan stops homebound dreaming on
    your shoulder—

past all of that, all I want

is the screeching song of train still turning.

El Fallecimiento de Mi Padre

como el río

me lleva

más allá de las líneas de inmigración

que nos trajo aquí

cuando yo era del tamaño de un arbusto de cereza—

al otro lado de la calle de la iglesia

que me enseñó el sacramento, la Eucaristía

cuando te vi vestido como un monaguillo

y incienso llenó mis pulmones de religión—

a través de la puerta de nuestro apartamento sótano

el piso era de cuadritos, las paredes blancas

donde empezamos bajo tierra—

pasando la puerta de tu viejo Camry y nuestro camino hacia

nuestro primer día de secundaria—

más allá de las puertas de acero que nos llevaron al gimnasio—

más allá de el Río Bao a nuestra casita en el campo donde los
    grillos sacaban sus machetes

y su pasaporte decía "Visado"—

más allá de cada parada de Brooklyn en el tren "A" hasta tu
    trabajo de *delivery* en la calle 34

donde pretendí limpiar mesas y anotar ordenes—

más allá de todo el Manhattan, en ruta a casa, yo soñando en tu
    hombro —

pasando todo eso, todo lo que deseo

es la canción chirriante del tren que sigue girando.

The River

                is the atom bomb,
                the end of the line splitting
                water and sky and grain and silence.

The river is the avalanche roaring,
taking us with foaming darkness
before we could reach the ocean.

                The river is *las campesinas*
                who gave our fathers names,
                our mothers strength.

The river is the rosary
                pinched to its end,
                where the stream
                dried and the soil
                withered
                like the pits of *cerezas*.

                To the river, we are migrants, and it
                does not matter how our mouths open.

El Río

        es la bomba atómica,
        el final de la línea que divide el
        agua y el cielo, el grano y el silencio.

El río es la avalancha rugiendo,
llevándonos con una oscuridad espumosa
antes de que pudiéramos llegar al océano.

        El río es las campesinas
        que les dieron a nuestros padres nombres,
        a nuestras madres fuerza.

El río es el rosario
        pellizcado hasta el final donde la corriente,
        se secó y el suelo marchitó
            como pozos de cerezas.

    Para el río, somos migrantes,
    y no importa como abrimos nuestras bocas.

Shattered Windows

The window opens,
and I
scatter somewhere.

I wind up with
my blood-stained dreams,
the ones that live
in the *montes* that I left behind.

I think of that explosion coming
from the neighbor's house.
I was seven in Hato Mayor.

They made and sold fireworks next door,
but it was the first time something went wrong,
and the windows of my grandmother's
house shattered.

After
the stillness entered,
I ran my hands feeling
around, making sure I was who
I was.

I looked at my
grandmother with new
eyes that said, *you're
still here too.*

I end up on a park bench by the swings
where no one plays, where my friend was murdered,
thinking, *why didn't I die here?*

I crush the leaves under my Nikes.
They sound like lost hope in autumn.
I know that when I lift my foot, the wind
will take them over the fence.

Ventanas Destrozadas

La ventana se abre,
y me
disperso en alguna parte.

Termino con
mis sueños manchados de sangre
los que viven en
los montes que dejé atrás.

Pienso en la explosión que
escuché cuando tenía siete años.
La que vino del vecino en Hato Mayor.

Allá fabricaron y vendieron fuegos artificiales,
pero fue la primera vez que algo salió mal
y las ventanas de la casa de mi abuela se hicieron añicos.

Después
de que entró la quietud,
corrí mis manos sintiendo
alrededor, asegurándome
que yo era quien yo era.

Miré a mi abuela
con ojos nuevos que
decían *todavía estamos
aquí juntos.*

Termino en un banco del parque junto a los columpios,
donde nadie juega, donde mi amigo fue asesinado,
pensando *¿Por qué yo no morí aquí?*

Aplasto las hojas debajo de mis Nikes.
Suenan como la esperanza perdida en otoño.
Sé que cuando levante mi pie, el viento se las
llevará sobre la cerca.

My Father, the Altar Boy

There were days when I struggled to see you
in your inherited land, where your mother
planted the river for the *ceibas* that nestled
your youth, your faith, that endowed you with
fruit and shade that in me still lingers.

St. Michael's on Jerome Ave. stood high like nothing
I'd ever laid eyes on. Inside, its walls told the story of
Christ, Mary, God, and the Holy Spirit, the Holy Trinity
imprinted on the stains of color made the sun dim blue,
stream red on your soft face.

Acquainted families, Dominican for the most part,
their language, Spanish, holy Spanish, "*Santa Maria
Madre de Dios*," how that Trinity christened us in our
own *ríos* and made us worthy of the Kingdom of Heaven.

I looked up at the firm apparitions;
made the sign of the cross in the air,
eyed the saints that surrounded Jesus.

Before the holy man in white spoke the Word of God,
there you stood before us, suspending down the aisle

a proud soldier of the stainless figures;
this was your rising.

You commenced in white robe
with the holy qualification;
your father must have been proud.

You held the holy book that connected us to
God and walked on your way, invisible

smoke rings elevated our senses,
caressed onlookers who witnessed
that you were God's preface, holding
His message, like a father holds a son,
the same way I held you when your days
became the forgotten branches of your father's *ceiba*.

Each leaf was a broken promise:
the oldest son to fall,
to spread on the surface of the
river that christened us under that
Caribbean sun.

Mi Padre, el Monaguillo

Hubo días en que luché por verte
en tu tierra heredada, donde tu madre
sembró el río para las ceibas que acurrucaron
tu juventud, tu fe, que te han legado tu
fruta y sombra, que en mí aún persisten.

San Miguel en Jerome Ave. se paró como nada que yo he visto.
Adentro, sus paredes contaban la historia de
Cristo, María, Dios, y el espíritu santo; la Santísima Trinidad
impresionaba el sol en las manchas de color, y tu cara se
oscureció en un arroyo rojo y azul.

Familias conocidas, dominicanas en su mayor parte,
su idioma, español, español sagrado, "Santa María,
Madre de Dios," cómo nos bautizó esa trinidad en
nuestros propios ríos y nos hizo dignos del Reino de los cielos.

Miré las firmas apariciones.
Hice la señal de la cruz en el aire.
Miré a los santos que rodeaban a Jesús.

Antes de que el hombre santo de blanco hablara la Palabra de
Dios, allí te quedaste delante de nosotros, suspendiéndote por el
    pasillo

un orgulloso soldado de las figuras inoxidables;
este fue tu ascenso.

Caminaste con una túnica blanca
con la calificación sagrada;
tu padre debe haber estado orgulloso.

Sostenías el libro sagrado que nos conectaba
a Dios, y caminaste invisiblemente, en tu camino
anillos de humo elevaron nuestros sentidos.
Espectadores acariciados presenciaron
que eras el prefacio de Dios, sosteniendo
su mensaje, como un padre sostiene a un hijo,
de la misma manera que te sostuve cuando tus días
se convirtieron en las ramas olvidadas de la ceiba de tu padre.

Cada hoja era una promesa rota:
el hijo mayor a caer, para extenderse
sobre el río que nos bautizó bajo ese
sol caribeño.

Goodbye, April

    please rest forever,
    and keep your budding, wet boughs.

    I've drowned in your *aguaceros*
    the ones that castigate the
    patches that my body claims.

    This month held me up in every corner
    until the shunt failed us and the river broke

    papi's memories of us, the *campo*, this world.

'*Ción, papi,* I wish I could draw you doing things we never
    did
    so as not to write you
    so as not to leave you in April.

You never chose to
leap into the Spring,
and you wanted
the ocean and a
fishing rod.

Adiós, Abril

    por favor descanse para siempre
    y mantenga sus húmedos pétalos.

    Me he ahogado en tus aguaceros,
    las que castigan los parches
    que reclama mi cuerpo.

    Este mes me detuvo en cada esquina
    hasta que la derivación nos falló y el río rompió

    los recuerdos de papi, el campo, nosotros, este mundo.

'Ción, papi, desearía poder dibujarte haciendo cosas que nunca hicimos
    para no escribirte,
    para no dejarte en abril.

Nunca elegiste
saltar a la primavera,
y querías
el océano
y una barra de pescar.

THE VACANT ROOM IN MY MOTHER'S APARTMENT

shelters patients suffering from
the curses of their epoch.

They come from Santo Domingo
    not to see America
    but to cure themselves of
    the fevers of Times Square,
    the subways, the Empire State,
    la pobreza, hunger, disease, death,
    el amor.

They dwell in this room
where there's a bed and a window
overlooking the neighbor's yard,
where a ring of fire burned
on a Monday night.

Wild teenage boys drank
and burned their feet
when leaping over the flames.

The same room where we were arrested and evicted,
where we learned that my father was dying
and that my brother was having a boy,
    where I forgot about *ceiba* trees
    that coronated my childhood
    and where my mother brought
    me back to life.

Our dreams splintered with
the paint on the walls, which once
resembled *nubes, rivers, y pájaritos.*

La Habitación Vacía en el Apartamento de Mami

alberga a pacientes que sufren
de las maldiciones de su época.

Vienen de Santo Domingo
    no para ver América
    sino para curarse de las
    fiebres de *Times Square*,
    los trenes, el *Empire State*,
    la pobreza, el hambre, la enfermedad,
    la muerte, el amor.

Ellos duermen en este cuarto
donde hay una cama y una ventana
que da al patio del vecino donde ardía
un anillo de fuego un lunes por la noche.

Los adolescentes salvajes bebían
y se quemaban los pies
al saltar sobre las llamas.

La misma habitación donde fuimos
arrestados y desalojados donde supimos
que mi padre se estaba muriendo y que
mi hermano iba a tener un niño,
    donde me olvidé de las ceibas
    que coronaron mi infancia
    y donde mi madre me trajo
    de vuelta a la vida.

Nuestros sueños se astillaron con
la pintura en las paredes, que una vez
se parecían a nubes, ríos y pajaritos.

To Walk Backwards

My mother told me that the devil walks backwards,
that it was not what good Catholic boys did.

To walk backwards is to move without knowing.
This was before I shed the pain that was my faith.

I walk backwards to not fall in the trenches, the
bullets that riddle every post on my social media.

ICE agents knock once at the door with their American
fists because inevitability is stamped on my face.

When the US's *chivo* was elected, my little brother picked up
      the phone and asked,
"Am I getting deported?" I thought, *walk backwards and don't*
      think about where

your parents come from. The siren will keep singing your name
      as long as you have a name.
Still—the knock remains. You listen to that American-TV-
      perfect English;

dique the voice of God on earth, but I walk backwards
telling myself, *don't let those knees buckle, muchacho.*

Caminando al Revés

Mi madre me dijo que el diablo camina al revés,
que los buenos niños católicos no caminan así.

Caminar al revés es moverse sin saberlo.
Esto fue antes de perder el dolor que era mi fe.

Camino al revés para no caer en las trincheras, las balas
que aparecen en cada publicación en mis redes sociales.

Los agentes de ICE tocan una vez a la puerta con sus puños de
autoestima estadounidenses porque la inevitabilidad está
    estampada en mi rostro.

Cuando se eligió el chivo estadounidense, mi hermanito levantó
    el teléfono y me preguntó
"¿Me deportarán?" Y pensé, *camina al revés y no pienses de
    dónde vienen tus padres.*

La sirena seguirá cantando tu nombre mientras tengas un
    nombre. Aún así, el golpe continúa.
Escucha ese inglés perfecto en los canales americanos;

dique la voz de Dios en la tierra, pero camino al revés
diciéndome, *no dejes que esas rodillas se doblen, muchacho.*

Father, I See You

everywhere.
In places you're not supposed to be,
aboard a lifeboat,
        you drift with unknown
passengers on a blank ocean.

Your eyes sink with an openness
that invents the shallows in which to stand,
like when you were alive, and you began to forget
where the forks were, the napkins.

You followed me to the bathroom to make sure I found it,
or was it so I could have that image of you standing before me,
assuring that you could still teach me one final thing even if it
        was nothing?

I see you in the dark when everyone's asleep in the quiet spaces
where nothing happens. I'm faithful to visions that

keep you. The last time I saw you alive, I kissed your forehead
        and said, "Until soon."
Your response was the same, "God willing, *mijo.*"

        My answer was like the river: of course, He will, *pero*
            claro, of course.
When I last kissed your corpse, it was the dry riverbed.

My brother and I lifted your coffin
        and I was forgetting how to cry until we were the
            last ones
        posing for a photo above your grave.
I picked up three rocks, one for each of us.

Padre, Te Veo

en todos lados.
En lugares donde se supone que no debes estar,
a bordo de un bote salvavidas
      te desplazas con pasajeros
desconocidos en un océano blanco y negro.

Tus ojos se hunden con una apertura
que inventa las aguas poco profundas en la que te paras
como cuando estabas vivo y comenzaste a olvidar
dónde estaban los tenedores, las servilletas.

Me seguiste hasta el baño para asegurarte de que lo encontré, o
fue para que yo tenga esa imagen de ti parado delante de mí,
asegurándome que aún puedes enseñarme una última cosa, hasta
      si no era nada?

Te veo en la oscuridad cuando todos duermen en los espacios
vacíos donde no pasa nada. Soy fiel a las visiones que te

mantienen. La última vez que te vi vivo, besé tu frente y te dije,
      "Hasta pronto."
Tu respuesta fue la misma, "si Dios quiere, mijo."

      Mi respuesta fue como el río: por supuesto que lo hará,
          claro que sí, por supuesto.
La última vez que besé tu cadáver, fue el cauce seco del río.

Mi hermano y yo levantamos tu ataúd
      y se me estaba olvidando como llorar hasta que fuimos
          los últimos
      posando para una foto sobre tu tumba.
Recogí tres piedras, una para cada uno de nosotros
      y ellas nos llevaron.

El Río, Mijo

i

In the dirt paths of my past stand
the stories of *la mujer en blanco*
who's always pregnant with
a stillborn in the *campo*.

She never moves or notices
your shadow on her pale face.
I think she is what I tell myself.

ii

I've replaced her with my father
in a Catholic hospital bed,
his head wrapped like a nun's.

"Glioblastoma" the doctors say, as if
to say, *Pray for him, in both languages
if you can.*

iii

Now when only the wind can speak for him,
my thoughts sail languidly into those Sunday
mornings, the sounds of *Perico Ripiao* on full
blast, him DJ-ing in the living room—worshipping
God with the *güira, el acordeón, y la tambora.*

iv

I searched for myself in his hands
for my kid, who will ask about *la mujer en blanco*,
       who will ask, *how was your father?*

I caressed his face and asked him,
       What do you dream about?
       He replied, *El río.*

El Río, Mijo

i

En los caminos de tierra de mi pasado
existen las historias de la mujer en blanco
en el campo que siempre está embarazada
con un niño muerto.

Ella nunca se mueve o nota
tu sombra en su pálido rostro.
Creo que ella es lo que me digo.

ii

La he reemplazado con mi padre
en una cama de hospital católica,
su cabeza envuelta como una monja,
las derivaciones drenando un océano
de recuerdos, de cáncer.

"Glioblastoma," dicen los doctores
como diciendo, *Oren por él, en
ambos idiomas si pueden.*

iii

Ahora, cuando solo el viento puede hablar por él,
mis pensamientos navegan lánguidamente a los
domingos por la mañana, el sonido del Perico Ripiao
a todo volumen, él, como alabando a Dios con
la güira, el acordeón, y la tambora.

iv

Me busqué en sus manos
para mi hijo, quién preguntará de la mujer en blanco,
quién preguntará, *¿Cómo era tu padre?*

Le acaricié la cara y le pregunté
    ¿De qué sueñas?
    Y me dijo, *El río.*

Mi Taita

Coarse, but fine, cleanly shaven
strict disciplinarian, who grew up
among tangy orchards: *mi taita*.

You are myth to me now.
Does that make me one too?

The flesh is a tragedy, then it turns to nothing.
We share this ending that mixes in the wind.

Though you are a dead star now, you still pull me into the
baptismal river where I dreaded those rabid currents.

Years have lapsed since you lifted us
from our inherited *montes* and planted us here
                              for others to grow.

Time has made us strange
though, between us, there is a name
a promise—now a symbol
that is like a people, like
a nation buried in guilt.

Mi Taita

Austero, pero fino, bien afeitado,
estricto disciplinario, quien creció entre
huertos agrios: *mi taita*.

Ahora, para mí eres un mito.
¿Eso me hace uno también?

El cuerpo es una tragedia, luego se convierte en nada.
Compartimos este fin que se mezcla en el viento.

Aunque ahora eres una estrella apagada todavía me jalas
al río bautismal donde temía esas corrientes rabiosas.

Han pasado años desde que tu nos levantaste
de nuestro monte heredado y nos plantaste aquí
        para que otros crezcan.

El tiempo nos ha hecho extraño
aunque, entre nosotros, hay un nombre
una promesa—ahora un símbolo
que es como una gente, como una nación
enterrada en pecado.

Rain Over *los Ríos*

Here,

       a tuft of
spherules
        stammers
over *Quisqueya*.

Artibonite, Guayamouc, Yuna, Dajabón, Camú, Bao, Mao,
    El Yaque del Norte, Chavón . . .

                The rain
is Apollo's
        lyre, and
                  this island
                        is our

                            Delphi.

Lluvia Sobre los Ríos

Aquí,

      un penacho de

  esférulas
      tartamudean

sobre Quisqueya.

Artibonite, Guayamouc, Yuna, Dajabón, Camú, Bao, Mao,
    El Yaque del Norte, Chavón . . .

          La lluvia
es la lira
        de Apolo
              y este lugar
                  es nuestro

              Delphi.

Unknown Caller

Your debts still call me directly.
I explain that you are no
longer here, that I can't pay a dead man's bills
even if he was my father.

I wonder how pigeons find their
way into subway stations.

They glide over embellished
rails near waste, rats escaping the
light behind the rippling boards.

I never told you that the tunnels are perverse,
that between stations there are errant newspapers,
possessed syringes, and duffle bags full of ransom money
adjacent to the rivers of graffiti.

I pick up an unpleasant conversation.
Both parties are sorry that there's money involved.
        Perhaps, it's never a good time.
        Perhaps, there isn't much in those old stations.
        Perhaps, it is what you owe that keeps you alive.

In my wallet, I carry your picture with washed receipts,
        a debt of what if's.

Llamador Desconocido

Tus deudas todavía me llaman directamente.
Le explico que ya no
estás aquí, que no puedo pagar las facturas
de un muerto, incluso si él era mi padre.

Me preguntaba cómo las palomas encuentran
su camino en las estaciones del tren.

Se deslizan sin esfuerzo
sobre rieles embellecidos cerca de desechos,
las ratas escapando la luz detrás de las tablas ondulantes.

Nunca te dije que los túneles son perversos
que entre estaciones hay periódicos errantes,
jeringuillas poseídas, y bolsas de lona llenas de dinero
junto a los ríos de graffiti.

Recojo una conversación desagradable.
Ambas partes lamentan que hay dinero involucrado.
    Quizás, nunca es un buen tiempo.
    Quizás, no hay mucho en esas viejas estaciones.
    Quizás, es lo que debes lo que te mantiene vivo.

En mi billetera, llevo tu foto con recibos lavados,
    una deuda de posibilidades.

Papi, espero que estas palabras te lleguen a donde quiera que estés. Tus hijos te extrañan. En nuestras memorias vive tu sonrisa, tus gestos, y todo ese amor paternal hoy y siempre. (I hope these words reach you wherever you are. Your children miss you. In our memories live your smile, your gestures, and all your paternal love today and forever.)

Acknowledgements

Sincerest thanks to the writers, artists, teachers, mentors, and lifelong friends I have been able to work with and learn from while writing this book. Thank you, Ana Castillo, Elizabeth Renker, Carol Oliver, Eduardo C. Corral, Kathy Fagan, Fior E. Plasencia, Ilan Stavans, Maria Cristina Fumagalli, Erika M. Martínez, Angela Abreu, Roxana Calderón, Jason Schneiderman, Christina Lam, Nita Noveno, Mira Zaman, Estarly Bonifacio, Isaura Bonifacio, Ángel Bonifacio, Isabella Bonifacio, Jessica Bonifacio, Reynaldo Ulloa, Omar Ulloa, Cristobal Ulloa, Jennifer Kim, Victor Pham, Adeline Pham, Sophia Pham, Christine Kim, Jonah Gold, and Esther Kim, Joseph Familia, Ruben Cedeño, Mark Cedeño, and Mike Loubriel. Khaty Xiong, I will treasure your generous and thoughtful feedback and advice on this collection. Octavio R. González, your introduction is such a gift of perspective and structure to this collection. You have captured my vision in your generous and distilled words. To Unsolicited Press and Summer Stewart, thank you for your generosity in finding a home for *To The Rvier, We Are Migrants*. To Drs. Hyo Kim and Jin Kim, thank you for your guidance and support. All of your spirits have carried me to this moment and given me strength and motivation.

Thank you, my mother, Ana Luz Peralta, and step-father, Ramon Ulloa, *mamá* Flora y *papá* Victor, to my family across the globe, and finally, to Joey S. Kim, my better half. My partner, Joey S. Kim, you have read and re-read these poems more than I can count. Your intellect and creativity make me and my work better. With each passing day, our love and partnership strengthen with mutual trust and respect.

About the Author

Ayendy Bonifacio was born in Santiago de Los Caballeros, Dominican Republic and raised in East New York, Brooklyn. He is the author of *Dique Dominican* and is currently an assistant professor of U.S. ethnic literary studies at The University of Toledo.

Website: www.ayendybonifacio.com
Email: Ayendy9@gmail.com
Twitter: @ayendybonifacio

Also by Ayendy Bonifacio

Memoir:
Dique Dominican (2017)

About the Press

Unsolicited Press is a small publishing house in Portland, Oregon and is dedicated to producing works of fiction, poetry, and nonfiction from a range of voices, but especially the underserved. Our team has published books that aren't afraid to take on topics of race, gender, identity, feminism, patriarchy, mental health, and more. The team is comprised of hardworking volunteers that are passionate about literature.

Learn more at www.unsolicitedpress.com.

www.ingramcontent.com/pod-product-compliance
Lightning Source LLC
Chambersburg PA
CBHW030350100526
44592CB00010B/896